Nichts als schöne Worte

Gedichte

von Karl-Heinz Föste

Inhalt

Karl-Heinz Föste wurde 1958 in Celle geboren, hat nach dem Abitur am Hölty Gymnasium Celle Jura an der Universität Hamburg studiert und dort als Anwalt und später als Jurist bei einer Versicherung gearbeitet.

Seinen Erstling ‚Gegen die Götter‘, einen historischen Abenteuerroman, hat er als Selfpublisher veröffentlicht.

Ebenfalls als Selfpublisher hat er den Umweltkrimi ‚Der Hadesplan‘ herausgebracht.

2014 erschien bei Kösel/Penguin Randomhouse ‚Wenn das Herz nicht mehr Schritt hält‘, ein Buch über seine Herzkrankheit, das er gemeinsam mit seinem Kardiologen und einem Psychologen geschrieben hat.

Nebenher sind Kurzgeschichten und Glossen erschienen, die der Autor - ebenso wie die vorliegenden Gedichte – gern bei Poetry-Slams vorträgt und über gängige Social Media postet.

Nach dem Umzug zurück nach Celle ist der erste Band einer geplanten Reihe von Celle-Krimis entstanden. Der Titel ist ‚Mord sei Dank‘.

Impressum

© Karl-Heinz Föste
Herstellung und Verlag BoD - Books on Demand,
Norderstedt
ISBN 9783757861995

‚Nichts als schöne Worte' wurde mit Papyrus Autor
geschrieben

Treibgut

Am Strand, am Spülsaum der Gezeiten, dort wo die Wellen im Sand verebben, laden sie mit der letzten Kraft, die Wind und Stürme ihnen gaben, all das ab, was sich in der Weite des Meeres angesammelt hat.

Dort, wo Tang und Muscheln die Konturen der Kraft des Meeres nachzeichnen und diesen unverwechselbaren Duft von Werden und Vergehen in den salzigen Wind mischen, dort findet sich all das, was Mensch und Meer hinterlassen haben.

Träumer schließen genießerisch die Augen, lassen all ihre Sinne füllen und finden Gleichmut im Rauschen von Wind und Wellen. Mancher sucht nach besonderen Muscheln und hübschen Steinen. Der aufmerksame Sucher findet am Spülsaum neben Tang, verendeten Quallen und Muscheln auch Kippen, die im Sand vergraben waren, auch einmal einen Bernstein oder ein besonderes Stück Treibholz, geformt von Stürmen und Gezeiten.

Sollte kein Bernstein dabei sein, Treibgut des Lebens findet sich allemal.

Vielleicht findet sich in der folgenden Sammlung der eine oder andere Bernstein oder ein Stück Treibholz am Spülsaum des Lebens.

Ursprung

Wellen

Ich gehe am Strand,
die Sinne im Wind,
die Füße im Sand
und fühle das Kind,

das einst hier gespielt,
mit Sand, mit dem Meer,
das den Wind gefühlt,
und spüre so sehr,

die Weite der Wellen,
das Spiel der Zeit
und ahne die Quellen
der Ewigkeit.

Seit uralten Zeiten
brausen Wellen und Wind,
bie einander begleiten
und mich schon als Kind.

Der Himmel, das Licht,
stets wechselnder Schein,
der Wind im Gesicht
bin ich eins mit dem Sein.

Ich gehe am Strand
seh' die Wogen der Zeit,
spür' das Meer und den Sand
und Geborgenheit.

*

Das Leben ist Meer

Dein Beginn ist die Quelle.
Sacht sprudelnd und klein,
fast ganz ohne Welle,
noch klar und noch rein,

fließt du langsam, noch tastend,
ins Leben hinein,
neugierig, nie rastend,
über Sand, über Stein.

Du streifst Wiese und Wald,
bist für alles bereit,
wirst größer schon bald,
der Horizont weit.

Doch bleibt alles klar,
hell schillernd und rein?
Wahrhaftig und wahr
erahnst du das Sein:

Dich speisen mehr Quellen.
Du nimmst und du gibst.
Getrieben von Wellen,
reißt du mit, was du liebst.

Wächst in deinem Lauf,
verwächst mit der Welt,
nimmst so Vieles auf,
was dich prägt und erhält.

Das Leben ein Fluss?
Es geht langsam dahin,
eintönig, ein Muss.
Du fragst nach dem Sinn.

Der Strom, er fließt träge,
schon mächtig und breit,
längst nicht mehr so rege,
wird er eins mit der Zeit,

die langsam zerfließt.
Dann plötzlich der Fall:
Das Wasser, es schießt
mit Tosen und Hall

in endlosen Grund,
zerstiebt in Kaskaden,
zerschlägt jeden Bund
und den Schicksalsfaden

auf Fels und auf Stein.
In Strudel und Gischt
verlierst du Richtung und Sein.
Jede Strömung erlischt.

Aus Wirbeln und Wogen,
aus Gischt, die rasch flieht,
wirst ans Licht du gezogen.
Neue Strömung dich zieht.

Du sammelst allmählich
im Strom alte Macht,
spürst gesundend und selig,
wie die Zukunft gedacht.

Nichts geht dahin,
fließt die Strömung auch schwer,
ohne Plan, ohne Sinn.
Du verlierst dich im Meer.

Dort findet der Strom
sich im Delta des Lebens.

Keine Seel', kein Atom,
floss so jemals vergebens.

Erreicht dort am Ende
der Strom seinen Schluss?
Oder find' eine Wende
die Richtung im Fluss?

Die Strömung geht auf,
als wenn sie wer riefe,
in einem größeren Lauf,
in Weite und Tiefe.

*

Insel im Meer

Ich bin das Meer,
das mit dir ringt,
das nasse Heer,
das dich umschlingt.

Ich bin der Wind,
der dich erfrischt,
mal kalt, mal lind,
um Felsen zischt.

Ich spucke Gischt auf deine Klippen,
lass' Wellen nippen sacht am Strand,
nage Gestade blank wie Rippen
und lecke weg den hellen Strand.

Trag' stetig ab auf ganzer Länge
Mit Sturm und Wolken voller Regen
Steilküsten und der Deiche Hänge,
bedränge Ufer ohne Segen.

Ich bin der Malstrom für die Küste.
Du bist in mir das fremde Land,
starr in all der Wasserwüste,
bleiben Winde unser stetes Band.

Wind, der hohe Wellen hebt,
der Wolken zu dir treibt,
der all dein Grün belebt,
auf dass dir all das Leben bleibt.

Ich bin auch Licht in allen Farben,
bin bläulich, grün, bin grau, bin kalt.
Auf meinen Wellen Sonnenstrahlen sterben
glühend-rot, so jung, so alt.

Bin Sehnsucht, Leben, Lust und Kraft.
Ich bin dein Ursprung, bin dein Leben,
auch Tiefe, die dunkel endlos klafft.
Ich lasse all dein Sein erbeben.

Ich bin die Brise, sanftes Flüstern,
bin der Orkan, der wütend schreit.
Ich bin die Flut und reiße lüstern
Leben in die Dunkelheit.

Wind, Wolken, all die Regengüsse,
kann nicht nur nehmen, kann auch geben,
sind Quell für Bäche, Seen, Flüsse,
für all dein reiches, buntes Leben.

Bin Sehnen, das die Sehnsucht mindert.
Ich hab' dir sonnig zugelacht,
nähr' Hunger, der nie Sehnsucht mindert.
Bin Mondscheinglitzern in der Nacht.

Ich bin das Meer, die alte Kraft,
die wie die Winde selten ruht,
Gewalt, die ständig Neues schafft.

Ich bin des Lebens wildes Blut.

Du bist der Fels, der widersteht,
wo Elemente uns verweben.
Du bist das Land, das nicht vergeht.
Du bist mir Grenze, Grund und Streben.

*

Natur

Spaziergang

Mich treibt's aus Stubenenge
hinaus in Wald und Flur,
auf dass, was mich bedränge,
vertreibe die Natur.

Von allem Menschgemachten,
Ansprüchen um mich her,
von allem Überdachten,
wird's Atmen manchmal schwer.

Schließ ich die Türe ab
und geh dem Walde zu,
dann weiß ich, was ich hab,
mein Denken, meine Ruh'.

Die Häuser weichen Bäumen.
Sandweich nach dem Asphalt
falle ich bald ins Träumen,
die Schritte gehen zum Wald.

Im Gleichklang all der Schritte,
verliert sich jedes Wallen.
Woran ich immer litte,
will achtlos hier verhallen

in hellem Vogelsang,
im Rauschen steter Lüfte,
des ganzen Waldes Klang.
Vom Atmen süßer Düfte

lass ich mich bald betören.
Ich schau vertraute Bilder

von Birken, alten Föhren.
Mein Drängen wird nun milder.

Das Licht zwischen den Zweigen,
das Rauschen in den Kronen,
der ganze Sinnenreigen
lässt meine Seel' hier wohnen.

Wär ich nur Christian Morgenstern,
ein Beethoven der Worte,
auch Caspar David Friedrich gern,
ich malt' im Mezzo Forte

Worte aus Glück, das mich durchflutet,
sänge von der Natur,
die immer frisch anmutet,
die mich erfüllt in Dur.

Malte Licht bei jedem Wetter,
schriebe von Farben, Klang und Duft
der Blumen, Buchenblätter,
wie jeder Sinn spürt Licht, fühlt Luft.

So wand're ich, bleib stehen,
lass meine Sinne streifen
um Werden und Vergehen,
spüre Heilung und Ergreifen.

*

In dir, Natur

Alles in dir heilt,
alles Menschgemachte,
wenn man in dir weilt,
wo stets die Seele lachte.

Nach all dem lauten Stimmgewirre,
Menschen- und Datenrauschen,
machen Stimmen nicht mehr irre,
wo Sinne spüren, lauschen.

Wo der Wind wie Atem geht,
wird das Empfinden nackt.
Wo Fühlen jeden Sinn umweht,
find't Herzschlag seinen Takt.

All das reiche Sinnverführen,
das stets mein Wollen ruhen ließ,
lässt Demut mich und Sehnsucht spüren
nach dem verworf'nen Paradies.

Bin aufgenommen, aufgehoben.
All das, was mich je ausgemacht,
hat teil, ist mit der Welt verwoben,
bis hell die Seele wieder lacht.

Kein Hirte muss mich hier behüten.
Wo manches droht und alles mir vergibt,
gibt's Schuld nicht, Pflicht und kein Vergüten,
wo Leben lebt und alles Leben liebt.

Gott wurde, wird und Gott ist
Natur. Sie will nichts, lenkt nicht,
was der Mensch bemisst.
Gott ist Natur, die zu dir spricht.

*

Mond

Mond, dein milder Blick
erhellt manch Pfad bei Nacht.
Ob über mein Geschick

dein Blick wohl wacht?

Mond, dein Licht ist rein und kühl,
bringt Ruhe wilder Regung,
und manch verworrenes Gefühl
weicht ruhiger Überlegung.

Doch wird in deinem Licht, dem fahlen,
nur Hehres überdauern?
Ist Silber nur dein Strahlen?
Lässt es im Schatten Böses lauern?

Mond, dein Licht scheint gar so klar.
Kann es auch Arges wecken?
Geträumtes wird dann grausam wahr
und hebt sein Haupt mit Schrecken?

Riesen stehen dunkel auf der Flur,
oder Wacholdersträuch' in dunklen Säulen?
Sind's Wölfe oder Winde nur,
die durch die Nächte heulen?

Mond, Mond dein milder Blick
erhellt den Pfad bei Nacht.
Ob über mein Geschick
dein Licht wohl wacht?

Nur Angst hemmt dich im Streben.
Grauen gilt's zu überwinden.
Statt Spukgespinster Weben,
lässt Klarheit du mich finden.

Du machst Verzagte nur verzagt,
bringst deren ängstlich Herz zum Beben.
Doch wer voll Mut ist, durch dein Licht erstarkt,
setzt gegen Schrecken Kraft und Leben.

So wie die Welt bist du wohl alt,
älter als Böse oder Gut.
Ist mild dein Blick nicht, sondern kalt?
Nein, klar nur;
Mond, du gibst mir neuen Mut.

*

Jahreszeiten

Schietwetter

Hört man, was die Leute sagen,
sind es immer Wetterklagen.

Den einen fehlt der weiße Schnee.
And're rufen: „Ach und weh!"
bei Frost und Eisesglätte.
„Wenn ich doch Frühling hätte!"

Fällt im Maien dann der Regen,
ist es der Natur ein Segen.
An die Ernte denken Bauern,
während andere versauern.

Die alte Siebenschläferregel
ist den meisten Stimmungspegel,
denn bei heißem Hochdruckwetter
werden auch die Nörgler netter.

Die Sonne macht das Leben heller.
Doch der Herbst kommt umso schneller
mit Sturm und kalten Schauern,
was die meisten dumpf bedauern.

Hört man auf die Wetterklagen,
möcht' man auf der Stelle fragen:
„Geht Ihr Nörgler nie hinaus?"
Erträgt man Regen nur im Haus?

Was soll's, ich geh' spazieren!
Will nicht aus dem Blick verlieren,
was uns Sonn' und Regen machen.
Möcht' auf meinen Wegen lachen.

Ich will mit regen Sinnen gehen,
den Wandel innerlich verstehen.
Jede Amsel abends singt,
was bei jedem Wetter klingt.

*

Herbstlicht

Nebelzauber, watteweich,
schwebt wolkengleich im Garten.
Morgendämmer, lebensreich,
lässt Sommerlicht erwarten.

Wolkenhell hebt sich das Grau.
Nebel tropft von Erlen.
Der Herbst glitzert im Morgentau.
Das Spinnennetz trägt Perlen.

Schleier geben Blumen frei.
Die Welt wird leicht und licht.
Ruhe herrscht, gleich, was auch sei,
wenn so der Tag anbricht.

Licht badet in milder Luft.
Das Grau weicht reichen Farben.
Darein mischt sich erdiger Duft.
Das Feld steht voller Garben.

So war das Werden einst gedacht,
das Fühlen, Schmecken, Sehen,
dass uns die Fülle reich anlacht
mit einer Ahnung vom Vergehen.

*

Regen

Wie leuchtete so farbenfroh
im Sommerlicht der Mohn.
Aus Wiesen wurde Heu und Stroh.
Es plätschert monoton.

Die Sommerpracht, sie liegt im Staub.
Im grauen Regen starben
Astern und auch Ahornlaub,
die letzten Tupfer Farben.

Die Melodie, im steten Takt,
tropft Wiesen nass und Steine.
Dunkle Äste klagen nackt.
Es scheint, die Welt, sie weine.

Vögel kauern stumm und kalt
auf verborg'nen Zweigen.
Nur Tropfen hört man noch im Wald,
Regen, Ruhe, Schweigen.

Der Wald, ruht stumm und friert,
holt Luft, trinkt Regensaft.
Wenn Licht die Tropfen ziert,
strahlt die Natur mit Kraft

*

Schnee

Wie schwebt so leicht, fast schwerelos,
im Winterwind der Schnee,
bedeckt den Wald, der Erde Schoß,
mit Weiß so weit ich seh'.

Weiße Tänzer ohne Zahl
landen sacht auf meiner Haut,
zerfließen kalt, doch ohne Qual,
prickelnd und mir so vertraut.

Kein andr's Weiß, so glitzernd klar,
bringt Ruhe mir und Stille,
dämpft Lärm des Lebens Jahr um Jahr,
nimmt der Welt alles Schrille.

Um mich wird's ruhig, leise.
Alles ruhet unter Weiß.
Mein Weg zieht eine Schneise
durch Kristalle nur aus Eis.

Dem regen Flockentreiben, dem Schneien nur zuhören.
Gehen, frieren, Gleichmut finden.
Kein Schmutz, kein Menschenmatsch, kein städtisches
Verstören.
Ruhe an die Stille binden.

Kalte Welt, schwarze Zweige tragen dichtes Weiß.
Graue Luft, kalt die Sinne spüren.
Unstet im Wind die wilden Flocken tanzen leis',
sie woll'n in Stille dich entführen.

Dort, wohin die Flocken schweben,
schützt der Schnee vor frost'gen Klauen.
Dort auch schläft und wartet Leben,
ruhig, bis die Flocken tauen.

Bis dahin aber will ich wandern
durch kalten Wald mit weißen Zweigen,
mich freuen mit euch allen ander'n
im winterkalten Flockenreigen.

Am Himmel blaue Lücken bringen mild dir Licht.
Vögel singen, bringen Klang von Leben.

Mit kaltem Wind allein der Wald nicht zu dir spricht.
Er bringt Ruhe und die Kraft zum Beben.

*

Werden und Vergehen

Geburt

Kind, du kamst ins Leben,
um Freude uns zu machen.
Was du brauchst, woll'n wir dir geben.
Schenk du uns nur dein Lachen!

*

Regenbogen

Zum Regenbogen langen,
zur Mitte meines Lebens,
das Mondlicht will ich fangen.
Ist so mein Weg vergebens?

Bleibst weiter du mir fern
und will ich dich zu viel?
Der Mond bleibt hell mein Stern,
der Regenbogen Ziel.

*

Blaue Stadt

Blaue Stadt im hellen Schein,
es trotzen hohe Mauern,
Tore? Lassen nicht ein!
Von Ferne bleibt Bedauern.

Glänzende Insel, lockend im Licht,
kein Strand für die Landung.
Der Fels bricht die Gischt,

trotzt jeder Brandung.

Blaue Stadt, verstörender Blick,
heiteres Leben, vertanes Glück?
Vertane Chancen, hat es sie gegeben?
Vertane Chancen, erfülltes Leben?

Blaue Stadt, entsagender Blick,
Leben und Leiden.
Suche nach Glück.
Gefühle meiden.

Das Leben geht weiter,
mit Zeiten voll Wonne.
Das Herz immer heiter,
das Meer glänzt vor Sonne.

Heiteres Leben,
Liebe und Glück,
so viel noch zu geben.
Gibt es ein Zurück?

Zurück hieße nehmen,
nicht zu genügen.
Weiter heißt geben,
leben, sich fügen.

Helle Sonne, blaues Meer,
blaue Stadt, sehnender Blick.
Blaue Stadt? Das Leben so leer.
Kehre ich je zurück?

Vom Schicksal betrogen?
Von Sehnsucht erdrückt.
Vom Leben belogen?
Beinah' dran erstickt.

Blaue Stadt, blau schimmernd voll Glück,
sie verschwimmt sacht im Dunst.
Es gibt kein Zurück.
Doch bleibt andere Gunst.

*

Das Tier

Das Tier in dir
kennt Lust, kennt Gier.
Auch vor dem Feuer der Gewalt
macht es nur widerstrebend halt.
Drum musst das Tier du in dir zähmen,
ihm allzu scharfe Krallen nehmen.
Gegen solcherart Natur
hilft Beherrschung durch Kultur.

*

Menschenhass

Permahass aus Seelenfrost,
Zornesflammen ohne Trost.
Was erweckt solch dunkle Triebe?
Was erstickt die Nächstenliebe?

Das Leben zu viel?
Hass ein Ventil?

Brave Bürger lauern, hetzen.
Worte, die sei selbst verletzen.
Herzen taub, die Seelen Stein,
töten kalt das eig'ne Sein.

Nachbar sammeln sich in Horden,

schreien, geifern, lynchen, morden.
Wölfe, die durch Straußen laufen,
Häuser werden Scheiterhaufen.

Hilfe für bedrohtes Leben?
Trösten, schützen, Leben geben?
Sind wir blind für fremde Not,
weil scheinbar Fremdes uns bedroht?

Wo bleibt unser Selbstrespekt,
wenn jegliche Kultur verreckt?
Zähl'n am Ende nur noch Tote,
nicht mal mehr die Zehn Gebote?

Was ist unsere Natur?
Bleibt der Mensch nur Kreatur?

*

Recht

Ihr habt einander sehr gegrollt,
seid nun nicht länger mehr vereint.
Dein Freund, er hat sich bald getrollt.
Und beide habt ihr fast geweint.

Du warst um Worte nie verlegen.
Lehnst jetzt zufrieden dich zurück.
Rhetorik war stets Zweck und Segen.
Ist solch ein Sieg nicht schieres Glück?

Hast einmal alles losgelassen.
Du fühlst dich frei jetzt und im Recht.
Bist frei von Liebe, frei vom Hassen.
Warum nur geht es dir dann schlecht?

*

Glaube, Liebe, Hoffnung

Wer glaubt, der liebt die Hoffnung,
dass die Welt ihn nicht verdries'.
Bis an des Lebens Dämmerung
hofft er auf's Paradies.

Wer liebt, der hofft im Glauben,
der Mensch wird ihn erhören,
der Sinne ihm wird rauben
und ew'ge Treue schwören.

Wer hofft auf Glaub' und Liebe,
der braucht die Schöpfung nur.
Dort sind nie dunkle Triebe.
Das Paradies ist die Natur.

*

Jäger des Glücks

Die Freude, sie zerrinnt
wie Wasser flugs im Sand.
Verdruss, nun der gewinnt
doch stets die Oberhand.

Glück rinnt aus der Hand,
zerfließt in ird'nen Spalten,
wie in der Uhr der Sand.
Wer kann das Glück schon halten?

Dem Sand entwachsen Bäume
und streben hoch und weit.
Sie bieten Platz für Träume.
Doch wem bleibt dafür Zeit?

Am Fuß der Träume Stämme
jagst du dem Glücke nach,
kreuzt Straßen, Flüsse, Dämme,
beklagst dein Weh und Ach.

In deines Traumes Wald
nimmt Dickicht dir den Blick.
Dein Rufen dumpf verhallt.
Wo find' sich neues Glück?

Du siehst dich um. Es findet
sich ein Quell zu deinen Füßen,
der von Bergen her sich windet.
Willst froh ihn schon begrüßen.

Und fragst gleich wieder bang:
„Soll zum Meer ich ihn begleiten?
Ist der Weg dahin noch lang?
Wird das Glück sich dort ausbreiten?"

Hin zu der Berge Klüfte,
wo Quellen Wege finden,
hin zu der Almen Düfte,
die Blumenpracht entbinden?

Dort wo die Sonne scheint,
über Kronen hoher Bäume,
bist dem Glück du neu vereint.
Und denkst: „Was ich versäume ...

...wo fern das Meer sanft rauscht
in ungeheurer Fülle,
Wellen der Wind aufbauscht?
Hier ist es mir zu stille!"

Ist Stille denn kein Glück,
zumal in solchen Farben?
So strebst du nun zurück

und willst nicht länger darben

ganz ohne Sand und Meer.
Zum Strand nun, denn dort scheint
der Himmel hoch und hehr.
Und wenn er es gut meint,

füllt er dir deine Seele.
Du tummelst dich im Nass,
jauchzt, dass dir nichts mehr fehle.
Hast Sand, hast Wasser, Spaß ...

...und dann fehlt dir dein Heim.
Wieder zerrinnt das Glück.
Wer macht sich einen Reim?
Willst vor du, willst zurück?

Du suchst dein Glück im Neuen,
willst mehr, willst alles haben.
Kannst dich schon nicht mehr freuen
an all der Welten Gaben.

Du jagst das Glück in Träumen,
das größte Stück vom Kuchen.
Wer ahnt, was wir versäumen,
wenn wir nur immer suchen?

Mancher sieht nur Barrieren.
Mancher jagt seine Träume,
reibt auf sich in Karrieren,
sieht Himmel nie, nur Bäume.

*

Sinnsuche

An der Frage aller Fragen
will so manches Herz verzagen.
Fragen nach dem Sinn des Lebens
sind verbreitet, doch vergebens.
Ganz egal, wie man es sieht,
Leben ist, Leben geschieht.

Suchen, einen Sinn sich denken,
wird zum Frieden dich nicht lenken.
Leben entstand, Leben passiert,
als Kind von Physik und Chemie.
Leben wächst, Leben grassiert
als wild-bunte Biologie.

Ob das alles untergeht,
ist dem All egal.
Fehlt die Welt, wo sie sich dreht,
wär' es ganz banal
wie mit dem Strand, oder der Wüste,
die ein Körnchen Sand einbüßte.

Warum grübeln? Alles Denken
wird die Schöpfung sich dann schenken.
Aufbegehren, selbst das Hassen
wird in dunklem Nichts verblassen.
War erst Henne, war erst Ei?
All das ist dann einerlei.

Liegt nach dem ein Sinn im Leben?
Dann der, dass wir's nicht vergeben.
Das Leben sollen wir nur leben.
Nur leben bleibt das Ziel im Streben.
Schätze es! Sei mittendrin!
Frage nicht nach einem Sinn!

*

Hoffnung

Ich hoffe, dass ich würdig lebe,
dass ich es nicht verderbe,
Werte und zu denken geben
und vor der Zeit nicht sterbe.

*

Mancher

Manch' einer gleicht den Faunen,
mancher solch schwachen Seelen,
die selten ihren Launen,
wohl ander'n gern befehlen.

Manche gleichen Vampiren,
entzieh'n dir alle Säfte,
sie, die nach allem gieren,
sie fordern deine Kräfte.

Manch' eine gleicht den Nymphen,
die eig'nen Feinsinn loben,
und schnell die Nase rümpfen
über die Armen, scheinbar Groben.

Sie meinen wohl den Troll,
der eignet sich fürs Grobe.
Er treibt es wahrlich toll.
Dickhaut ist seine Robe.

Manch' einer gleicht den Feen,
die über allem schweben,
die überall Schönheit sehen,
und nicht das wahre Leben.

Mancher läuft gleich den Riesen,
nicht achtend Äcker, Almen,
nur dass sie nicht nur Wiesen,
zertreten und zermalmen.

*

Gesichter

Es gibt Gesichter,
auf die reimt sich Gelichter.

Das elende Gesicht
schaut schmerzverzerrt vor Gicht.

Und manch Gesicht
wirkt ausdruckslos und schlicht.

Ein anderes Gesicht
verrät den schlauen Wicht.

Das traurige Gesicht,
das sieht man meistens nicht.

Doch dein Gesicht
erwärmt das Herz wie Licht.

Auf dies Gesicht
reimt sich allein Gedicht.

*

Freiwillig

Allein das Sollen
vertreibt das Wollen,
denn was man muss,
bringt oft Verdruss.

Taught

I was taught to serve,
stick to my kind,
get what I deserve.
I am taught to find

out, what people expect,
find out what they need,
taught to show some respect
- and master my greed.

I was taught to behave
well, work like a ring in a chain,
work all day like a slave,
to be decent, not vain.

So for years I was blind,
didn't find my own choice,
and it took time to find
my own needs, my own voice.

The school of life
taught me, how to be me.
Though it cuts like a knife,
in the end I am free.

*

Freier Fall

Türme schwanken, stürzen nieder.
Ich fall' in dunkle Tiefen,
in Träumen, immer wieder,
mit Ängsten, die nie schliefen.

Wie oft stürzte ich, fiel,

und blieb benommen liegen.
Doch unverletzt - ein Spiel? -
bin Träumen ich entstiegen.

Stets neu macht' ich mich auf,
mit Ängsten als Begleiter.
Nahm Stürze oft in Kauf,
ging es nur immer weiter.

Doch Türme wie auch Berge
sind alle nun bestiegen,
bleiben zurück wie Zwerge,
denn bald schon werd' ich fliegen.

Das Stürzen überstanden,
mit und ohne Schmerzen;
nichts wird nun mehr zu Schanden.
Gewissheit ruht im Herzen,

dass ich jetzt fliegen kann,
frei, nicht mehr geschunden,
erlöst und ohne Bann;
das Schwere überwunden.

Ich weiß jetzt, ich kann fliegen.
Ich falle weit ins Leben.
Den Trümmern neu entstiegen
soll'n Schwingen mich erheben.

Aus Stürzen wird schon Schweben,
aus Schweben endlich Fliegen,
wieder hinein ins Leben,
ins längst verdiente Siegen.

... bis irgendwer mich ruft.
Jäh endet nun das Schweben.
Ich falle aus der Luft
ins alltägliche Leben.

Mein Herz

Mein Herz ist ein recht großes Haus,
ganz angefüllt mit Kammern.
Da spiel'n Gefühle Katz und Maus:
Das Jauchzen jagt das Jammern.
Mein Herz das ist ein arges Haus,
dort geh'n auch Sorgen ein und aus.

Mein Kopf ist ein bald lichtes Dach,
getragen von Gedanken.
Die wuchern, ganz gleich was ich mach,
wie wilde Efeuranken.
Der Leib das ist ein morsch' Gebälk,
von Holzwürmern schon welk.

Mein Leben ist ein weites Land,
das ich erkund' mit Herz,
das ich beack're mit der Hand.
Die Früchte sie sind Freud' und Schmerz.

Die Seele ist ein flackernd' Licht.
Solang' sie liebt, verzag' ich nicht.

*

Herzbruch

Seit ein paar Jahren
sterb' ich vor mich hin.
Fährnissen, die waren,
bot stolz ich mein Kinn.

Einst barst ich vor Leben,
fühlte, wer ich bin.
Hab' so viel zu geben,
noch soviel im Sinn.

In all meinem Drang,
tagein und tagaus,
zwischen Pflichten und Zwang
bleibt es ein Graus,

nicht zu widerstehen.
Ist der Weg denn noch lang?
Zwischen Werden und Gehen
wird das Herz manchmal bang,

zu gehen vor der Zeit.
Angst, es nicht zu schaffen.
Noch lang nicht bereit
muss ich mich aufraffen.

Wenn zaudernd dir weicht,
was du dir vorgenommen,
wenn der Mut nicht mehr reicht,
bleibt der Berg unerklommen.

Die Pflicht hält mich noch,
weicht die Kraft auch dahin,
sie hält mich noch im Joch
bis ich nicht mehr bin.

Einmal noch die Kraft,
das Mark zu erbeben,
dass man sich aufrafft,
zu schwelgen im Leben!

Einmal noch das Glück,
in der Sonne zu wandern.
Vom Kuchen ein Stück
und froh wie die andern!

Dann will auch ich lachen,
mit hellem Gesicht,

will glücklich euch machen,
bis das Herz am End' bricht.

*

Würde

Allmählich wird man mürbe.
Was, wenn ich jetzt stürbe?

Ginge zufrieden ich mit Würde?
Würde die Würde mir zu Bürde?

Früh schon sollten wir verstehen,
Würde liegt auch im Gehen.

Doch davor heißt es leben
und Leben weitergeben!

*

Geschenkte Zeit

Angeschossen, gar erschossen?
Nicht ganz tot,
die Kraft zerflossen
vor lauter Not.

Herztot für Minuten.
Repariert
und musste bluten.
Und nun? Kuriert?

Nicht ganz tot?
Bin's doch gewesen?
Vor Blut ganz rot,
soll nun genesen.

Ein Neuanfang!
Nach all dem Schmerz,
bleibt von Belang
für Seele und Herz,

dass ich sie lebe,
die geschenkte Zeit,
nach Leben strebe
ohne Sorgen und Leid.

*

Der Tod

Der Tod ist ein strenger Meister.
Er lässt keine Fragen mehr zu.
Vom Alter erlöst den Geist er.
Gibt dem Leib die verdiente Ruh'.

Er ist ein Führer, der schweigt.
Geleit ist ihm ewige Pflicht,
die den Weg weg vom Leid zeigt.
Er sagt nichts von Dunkel und Licht.

Er ist's, der sich erbarmt.
Der Tod hat kein hässlich' Gesicht.
Wenn er dich als Letzter umarmt,
hoffen alle auf Liebe und Licht.

*

An der Zeit

Wär's nicht wieder an der Zeit,
wie früher sich zu fühlen,
nicht nur an Tränen voller Leid,
die Wangen sich zu kühlen?

Wäre es nicht an der Zeit,
erdrückende Nachrichten
aus Zukunftslosigkeit
in Evangelien umzudichten?

Wär's nicht endlich angezeigt,
den Kopf nach vorn zu recken,
zu schau'n, wohin der Weg sich zweigt,
statt Wunden sich zu lecken?

Fortuna winkt, mit Zuversicht,
dich auf sie einzulassen.
Dann zeigt sie strahlend ihr Gesicht,
wird deine Hände fassen.

Vielleicht ist's wieder mal soweit.
Vielleicht ist's noch ein Stück.
Vielleicht ist's wieder an der Zeit
für Tage voller Glück.

*

Licht

Die Pracht all der Sterne,
das Licht in der Ferne,
die Sehnsucht der Nacht,
für niemand erdacht,
ist für alle gemacht.

Es ist ganz gleich,
bist du arm oder reich.

*

Aufbruch

Der Entschluss - endlich aufbrechen!
Der Fuß verharrt auf der Schwelle.
Im Zögern noch zeigen sich Schwächen.
Das Auge, geblendet von Grelle,

sucht schmerz-blinzelnd den Weg.
Es ist nur ein Schritt hinaus in die Welt!
Das Zögern nur der Beleg,
dass er sich endlich der fremden Welt stellt?

Oder ist es nur Flucht,
Flucht vor trostlosem Leben,
Ausbruch sehnender Sucht,
hoch und frei nun zu schweben?

Nur ein erster Schritt!
Doch wohin soll er gehen?
Schatten nimmt er mit.
Wer soll jetzt noch verstehen,

was stets tief in ihm stritt?
Wo weit offen die Läden,
wo er nicht mehr so litt,
halten klebrig ihn Fäden.

Sie lähmen die Kraft.
Die Freude auf's Leben,
mühsam aufgerafft,
wer soll sie ihm geben?

Von früher noch weiß er

von Freude und Spaß,
besaß Kraft und Fleiß er.
Was blieb davon, was?

Von Schlägen gelähmt,
von harten Herzen gebrochen,
vom Leben gezähmt,
hat er sich in sich verkrochen.

Die Welt, vor der es ihn graut,
lockt ihn unverständlicherweise.
Sie ist so grell. Sie ist laut.
Er erträgt nur dunkel und leise.

Früher gab es Summen und Rauschen.
Und es gab Musik, Vogelstimmen.
Es gab so viel Schönes zum Lauschen,
Farben, die durchs Dunkel noch glimmen.

Die Welt scheint grässlich - und schön.
Er will nichts Hässliches sehen.
Er will nach Tälern auf Höh'n.
Und er bleibt nun nicht mehr stehen.

Letzter Wille treibt ihn,
letzte Kraft, letztes Streben,
aus der Dunkelheit. Flieh'n,
hinaus ins helle Leben!

Nur ein Schritt. Er verlässt das Haus.
Hinaus ins Licht, hinaus ins Leben.
Auf den Weg. Nur endlich hinaus!
Jeder Schritt lässt ihn ängstlich beben.

Doch er geht diese Schritte,
geht über brüchige Stege,
sucht im Takt seine Mitte,
traut sich auf andere Wege.

Wie ein Baum

Stattlich fest, in Regen und Wind,
stehst hoch du wie ein Baum.
Standst schon als Setzling, als Kind.
Grün glänzt der Krone Saum.

Stolz und fest thront so ein Baum,
hält Sturm und Dürre stand.
Die Elemente spürt er kaum,
wo einst der Samen Erde fand.

Wurzeln treibt er in den Grund,
reckt Äste in den Wind,
schließt mit dem Leben seinen Bund.
Doch Wurzeln wachsen blind.

Des Lebens Last ruht in dem Grund,
aus langen Jahren, schwärend, wund,
Artefakten gleich, Erinnerungen
wecken Schmerz, der nie verklungen.

Verlust, der blutend Lücken ließ,
Gefühl, das nicht auf Liebe stieß,
ein Wunsch, dem es erging,
wie Näherung, die nie verfing.

So ruh'n im Herzen alte Wunden,
die einst die junge Seele schunden.

Das Gift, es lässt den Baum erkranken.
Fehlt so den Wurzeln klares Nass,
verkümmern bald die frischen Ranken.
Das Grün, es welkt, verdorrt, wird blass.

Weht über dunklen Grund der Wind,
streift Ast, Gezweig, fühlbar und lind,

mit Regen, Licht, heilen die Wunden.
Elemente lassen dich gesunden.

Du findest Halt in reinem Grund,
wo alte Kraft noch ruht,
schließt mit der Welt den neuen Bund,
baumstark und mit altem Mut.

*

Paradies

Gibt es im Diesseits keine Schonung,
und gehts's dir manchmal richtig mies,
wartet im Himmel die Belohnung?
Dort hoffst du auf das Paradies.

Gläubig übst du dich in Geduld,
erträgst, was niemand dulden muss,
Unrecht, Not und Schmerz und Schuld.
Wehrst dich nicht, leidest mit Verdruss.

Was Religion indes dir nicht verrät:
Im Jenseits gibt es keinen Lohn.
Wenn du erst stirbst, ist es zu spät.
Ander'e bleiben auf dem Thron.

*

Lebenslicht

Schwärze ist Nichts,
der Seele Tod.
Nur mitten im Licht
herrscht keine Not.

Schwärze schluckt Licht,
das im Dunkel verweht.
Kein lächelnd Gesicht,
das dein Dämmern versteht.

Eine Welt nur aus Sorgen,
das Empfinden versinkt.
Gibt es nie mehr ein Morgen,
wenn die Seele ertrinkt?

Bringt kein Lächeln dir Licht,
das dein Licht heller macht?
Doch die Welt lächelt nicht.
Es wird schwärzer die Nacht.

Die Kerze verbrennt.
Die Flamme erzittert,
wenn nur Schwärze sie kennt
und kein Morgen mehr wittert.

Das Dunkel entzieht
dem Sein alle Kraft.
Die Freude entflieht.
Es bleibt Dunkelhaft.

Du ringst um Verstehen
und kannst doch nichts sagen.
Kann denn niemand es sehen?
Gibt es nicht einmal Fragen?

Du durchwanderst das Tal
und du weißt nicht, wohin.
Jeder Schritt eine Qual.
Und du siehst keinen Sinn.

Pflichten, ja die
gibt's zuhauf, gibt es viele.
Ruhe gibt's nie.
Der Weg bleibt ohne Ziele.

Das Dunkel lockt dumpf,
verspricht es doch Frieden,
hält dich fest im Sumpf,
lockt mit kalten Tieden.

Die Seele ertrinkt.
Keine Kraft zu entrinnen.
Das Leben versinkt
ohne Draußen im Drinnen.

Sehnsucht im Dunkeln,
sich sehnen nach Licht.
Kein Schillern, kein Funkeln.
Das Dunkel erstickt.

Der Verstand lenkt den Tag,
das Dunkel die Nacht,
bis man nicht mehr mag,
und nur kraftlos erwacht.

Verzagtheit bringt Schmerz,
bis dich alles bedrängt.
Gestorben das Herz.
Keine Freude verfängt.

Die Flamme scheint noch.
Wo verliert sich das Licht?
Strömt es in ein Loch?

Kraft bringt es dir nicht.

Muss ich Schwärze besiegeln?
Wie dem Schicksal entflieh'n?
Könnt' das Licht ich doch spiegeln,
mich dem Dunkel entzieh'n!

Doch was spiegelt das Licht,
macht das Dunkel mir hell,
auf dass man nicht zerbricht?
Was ist Antrieb und Quell?

Geb' mich hin der Natur,
spüre Sonne und Wind!
Sie ist Trost, doch nicht nur,
nimmt mich auf als ihr Kind.

Ist Menschwerk nur Verdruss?
Hat Mensch Sinn nur für's Grelle?
‚Nein', erkenn ich am Schluss.
Er ist Last - doch auch Quelle.

Nur er spiegelt dein Licht,
das die Nacht mir erhellt.
Und ein lächelnd Gesicht
macht schon wärmer die Welt.

Hat das Dunkel auch Gründe,
mancher Weg führt hinein,
stand am Anfang gar Sünde,
der Weg hinaus, der ist dein!

*

Vom Haben

Du hast die Amsel, die dir singt.
Du hast den Fluss, der Ruhe bringt,
das Firmament mit Sternenlicht
und machst ein trauriges Gesicht.

Du willst noch mehr, willst alles haben
und siehst nicht mehr des Lebens Gaben.
Der Mensch, er hatte einst das Paradies,
das er verkannte und fürs Haben ließ.

*

Erotisches

Begehren

Kennst du den Ort, an dem dein Blick sich fängt,
zu dem hin dein Begehren drängt?
Wie oft ist dieser Ort dir nah und allzu oft so fern,
unirdisch schön, nicht greifbar, wie der Tagesstern!

Ein Tal - so weich, von Atem lebend,
ein Zauberort, vor Leben bebend,
so ganz und gar dein Woll'n erstrebend,
mit Schmuck verziert, lockend, erhebend,

an eben jenem Punkt,

zu dem dein Blick sich drängt,
verzaubernd dein Begehren fängt.

So fließend fügt sich dieser Ort
in sanft geschwung'ne Hügel
und trägt dein ganzes Fühlen fort
in Welten ohne Zügel.

Doch legst du selbst dir Zügel an,
hältst Sehnsucht und dich selbst in Bann,
beherrscht und kühl, wie Eis, wie Schnee.
Und doch so herzerwärmt. Oh schönes Decolleté!

*

Der Tropfen

Feuchte Schwüle lockt heiß,
zwischen Aug' und dem Ohre,
einen Tropfen von Schweiß

aus einer Pore.

Dein Blick ist ganz stumpf,
von Schwüle ertränkt.
Du ahnst nicht mal dumpf,
was meinen Blick lenkt.

Auf deiner Haut
rinnt glänzender Tau,
so nah, so vertraut,
dass ich einfach schau.

Es beginnt eine Reise
über die Wange zum Kiefer.
Dort sammelt sich leise,
und wandert schnell tiefer,

ein Tropfen zum Hals,
versinkt fast im Kragen.
Du schaust nicht, doch falls,
soll ich es wagen,

einfach weiter zu sehen,
was nun geschieht,
zwischen Bangen und Wehen,
wohin salzig er zieht?

Ist es denn erlaubt,
den Blick nicht zu heben,
wenn tiefer sich schraubt
der Tropfen aus Leben?

Am Schlüsselbein
sammelt er neue Kraft,
um größer zu sein,
auf dass er es schafft,

die letzte Etappe

mit Schwung zu passieren.
Oder fällt nun die Klappe?
Wird er sich verlieren?

Ein Atemzug
ringt ihn in Bewegung,
und ist schon genug
für lebhafte Regung.

Mit jedem Luftholen
steigt weiter er ab.
Und ich schau verstohlen,
noch tiefer hinab

zwischen offene Flanken,
die zum Tal sich finden.
Wo schon Tautropfen wanken,
in ein Rinnsal sich winden.

Dort beschließt er die Reise
im Stoffe der Bluse.
Bedauern bleibt leise
und ein Anhauch der Muse.

Ein Tropfen von Schweiß.
Ich senke die Lider,
denn ich weiß:
Den seh' ich nie wieder.

*

Ironie

Zum Lachen

Mit manch witziger Posse,
mit hochgeistigen Glossen,
mit Scherzen aus der Gosse
versucht man unverdrossen,
glauben dich zu machen,
du habest 'was zu lachen.

*

Intervallfasten

Ein jedes Pfund
Muss durch den Mund.

Das frühe Abendessen
lässt Hunger bis zum Schlaf vergessen.

In den langen Abendstunden
lasse dir nur Wasser munden.

Schlafe nächtens deine Stündchen,
denn im Schlaf ruht eh das Mündchen.

Soll das Intervall dir glücken,
musst besser spät als früh du stücken.

Dann schmecken dir die Mahlzeiten.
Kannst dir fast alles zubereiten.

Nach ein paar Wochen, was ich sage,
freut's die Gesundheit und die Waage.

*

Selbstironie

Blickst Du in Ferne,
zu weit, es zu sagen,
dann schau in die Sterne
und stell' Deine Fragen!

Schau hoch in die Sonne,
die Wolken durchscheint!
Lacht glühende Wonne,
wo Regen grad' weint.

Sieh hoch hin zum Mond,
der in Ruhe erstrahlt,
wo nur Wirrnis noch wohnt,
klare Schatten er malt!

Schau in den Grund
der sterbenden Seele!
Zerrissen und wund.
Wie ich mich quäle!

Es endlich zu sagen,
sträubt sich mein Mund.
Doch muss ich's wagen:
"Welch schwülstiger Schund!"

*

Aus die Maus

Gelockt von Nachbars Vogelschmaus
wohnt im Stapelholz die Maus am Haus.

Dort jagen auch die Stubentiger

die bunt zwitschernden Vogelflieger.

Wo sie sonst wetzen Zahn und Tatze,
wünsch' ich mir für die Maus die Katze.

Wäre die Maus ein wenig träger
und käme einer dieser Jäger,

wär' mir dann dieses Opfer recht?
Oder ging' es dem Gewissen schlecht?

Was soll's, ich räum' das Holz zum Zaun.
Dort soll die Maus ihr Nest ruhig bau'n.

*

Der Krümmer

Warum heißt der Krümmer 'Krümmer'?
Darauf die Gedanken lenken
macht gewiss nicht dümmer.
Doch was soll man da denken?

Am Motor fest, zum Auspuff hin
sitzt – biegend sich – der Krümmer.
Das ist so, und es macht auch Sinn;
ohne ihn erging`s uns schlimmer.

Denn ein Motor macht furchtbaren Krach.
Daraus wird leis Gewimmer,
wenn Schallwellen mit Weh und Ach
sich winden durch den Krümmer.

Ein Krümmer ist an sich nur krumm,
krümmt Lärm, krümmt nicht Abgase.
Ihn 'Krummer' nennen, klänge dumm.
Der Kenner rümpft die Nase.

Der Krümmer, er ist eben krumm,
lehrt uns das Adjektiv.
Doch krümmt er nirgends sich herum.
Das Bild bleibt recht naiv.

„Auch krümmt sich selbst der Krümmer nicht",
grübelt der Germanist.
„Das Verb führt somit nicht zum Licht,
auch kein semantisch' List."

„Die Krümmung ist's, was ihn ausmacht",
sagt mir der Werkstattmeister,
wobei er achselzuckend lacht.
„Krümmer, nun ja, so heißt er."

Hört, die Ihr alles wisst!",
will uns der Krümmer sagen.
„Vieles ist so, wie es ist,
mag man's auch hinterfragen."

*

Frühlingswinde

Der Efeu streckt und reckt die Ranken,
spinnt moosgrüne Gebinde,
sprießt himmelwärts ganz ohne Wanken,
beißt Wurzeln in die Rinde.

Eintagsfliegen schweben auf
und ab in Seligkeit.
Nichts hemmt der Tänzer Lauf,
als hätten sie viel Zeit.

Pummel-schwer mit Bassgebrummel
und Pollen im Gesichte

frequentiert Blüten eine Hummel
im ersten Frühlingslichte.

Die Meise sucht im Futterhaus,
- und tiriliert noch schräge -
den Rest vom Winterkörnerschmaus.
Dann sorgt sie für's Gelege.

Ein Regenwurm noch ungelenk
will an der Luft sich recken,
macht unfreiwillig zum Geschenk
sich Amseln, die ihn strecken.

Das Aug' freut sich am Blütenmeer,
füllt's Streben Dir und Wollen.
Der Wind, er weht von Süden her,
reizt Aug' und Nas' mit Pollen.

Der Landwirt wirft den Traktor an
und pflügt der Scholle Fülle.
Das Jauchefass hängt er dann an,
trängt Erd und Luft mit Gülle.

Grilldüfte wehen durch die Flur,
erfreuen ganz unverhohlen
nicht Eingefleischte nur
mit Wurst auf heißen Kohlen.

Dumpf grollend jagen laut
auf Asphalt die Boliden.
Mancher folgt mit geschürfter Haut
Rasern, die dort verschieden.

*

Limericks

Ein junger Verehrer aus Garmisch,
der kochte zu gerne japanisch.
Nach einer Vergiftung von Sushi
verließ ihn die Uschi.
Bei Juan isst sie nun lieber spanisch.

*

Dem erfolglosen Spanner aus Lesche
verging jüngst der Blick in die Wäsche.
Der reizenden Suse
sah er zu tief in die Bluse.
Vom Freund gab's darauf kräftig Dresche.

*

Ein Shaker im Bergischen Land
für Schlagfertigkeit wohl bekannt,
schulte um vom Barmixer
zum Finanz- und Anlagentrickser.
Hat sein Redetalent gut verwandt.

*

Eene Fru ut Sprakensehl
verlangte vom Leben nich' veel.
Mehr as Familie un' Mann,
Geselligkeet dann un' wann;
war as Mensch halt ,ne richtige Seel.

*

Ein liebender Pa' aus Klein Hehlen,
dem schien es an gar nichts zu fehlen.
Bei einer Sekte von Indern
vergaß er die Liebe zu Kindern.
Das Gewissen scheint ihn nicht mehr zu quälen.

*

Einem Vater zweier kleiner Wichte
stand sein Vaterstolz wohl zu Gesichte.
Er fand als Vorbild sehr stark
für seine Kinder Bismarck.
War als Beamter stolz auf Preußens Geschichte.

*

Ein Jurastudent vom Rothenbaum
kümmerte um Straf- und Zivilrecht sich kaum.
Gebannt von Geschichten,
träumt' er vom Schreiben und Dichten.
Zwischen Akten verlor sich sein Traum.

*

Ein Paar aus Harvestehude
lebte beengt in 'ner Bude.
Er suchte das Weite,
was beide entzweite.
Mehr Raum fand er so bei Gertrude.

*

Eines ruhigen Mannes Frau in Melle,
die sprach viel zu viel und zu schnelle.
Als er sie erstach,
lag ihr Mundwerk schnell brach.
Seine Ruh' fand er so in der Zelle.

*

Eine kirchentreue Dame aus Gehlen
konnt' ihre Umstände nicht länger verhehlen.
Trotz moralischer Strenge
wurden die Kleider zu enge.
Pfarrer retten eben doch nicht nur Seelen.

*

Ein Bauer aus dem Dorf Boye
schlachtet' zur Geburt seine Sohnes zwei Säue.
bei der Feier zur Taufe
Gab's um den Braten Geraufe.
Welch sinnloser Tod, dacht' er voll Reue.

*

Eine Akademikerin aus Hannover
fand ihre Kollegen zunehmend doofer.
Ihren Doktorgrad
fanden diese eher fad',
anders als ihre zu engen Pullover.

*

Ein solider Beamter aus Bergen
träumte von Trollen und Zwergen.
Doch statt in Märchen zu leben,

musst' nach Karriere er streben,
Phantasie hinter Korrektheit verbergen.

*

Ein Dealer aus Lence
fiel oft selber in Trance.
Nach zu viel Pott
kam er aus dem Trott
und verlor am End' die Balance.

*

Kritisches

Väter

Lasst mich ein Dach sein, eure Armee!
Bin euer Weihnachtsmann, nicht nur im Schnee.
Bin Gelddruckmaschine, kauf euch, was ihr wollt.
Bin Abtreter, Latrine; ich bin euer Gold.
Chauffeur, Charmeur, Entertainer,
tu was ihr verlangt,
auch wenn keiner es dankt.

*

Kettensägen

Wenn um Ulmen und um Linden
sich die Kettensägen winden,
um Gewachsenes zu kappen
und im Schredder zu verklappen,
auf dass das letzte Grün verrecke,
bleibt alles Schöne auf der Strecke.

*

Menschenwelt

Was nutzen Ökodächer
und Kraft aus Wind und Sonne,
bleiben Straßen Aschenbecher,
der Wald 'ne Abfalltonne?

Mensch sägt an seinem Sein,
dankt's Mutter Erde schlecht.
Mensch ist ein bequemes Schwein;
Herr Nietzsche hatte recht.

Zwei Tonnen Stahl

Zwei Tonnen aus Stahl,
aus Plastik und Chrom
befördern dich ganz banal,
reihen sich in den Strom,

der Benzin teuer trinkt
schon seit vielen Dekaden,
und die Landluft zerstinkt
für den Weg nur zum Laden.

Ein bis zwei Tonnen Masse
und sich selbst als Begleitung
bewegt der schlaue Insasse
für ein paar Brötchen...
...und vielleicht noch 'ne Zeitung.

*

Je suis Charles-Henri

Wo mit dem Rücken ich zur Wand sitze,
mach' ich aus einer Handvoll Sand Witze.

Wo wir nur noch die Wand sehen,
lass' Dünen ich aus Sand wehen.

Kann im Traum mich an der Wand sonnen,
durchleb' fantasievoll dort im Sand Wonnen.

Lass' Gedanken heiße Lüste weben,
lass' so im Sand die Wüste leben.

Mag voll Angst ich an der Wand sein,
ich trink' mit Tuareg im Sand Wein.

Wenn ich dort an der Wand sterbe,
ich für der Dichter Stand werbe.

*

Kinder

Meine Kinder, deine Kinder, Kinder and'rer, Menschenskinder.
Das Lachen der Kinder ist die Musik dieser Welt.
Das Lachen der Kinder – es kostet kein Geld.

Nachbarstreit, weil Kinder lärmen.
Niemand, dem das Herz sie wärmen.
Straßen nur zum Autofahren.
Alte, die nie Kinder waren,
schaffen Mauern, Verbote.
Regeln, Verbote, Seelen wie Tote.
Gott, wie diese Welt verrohte!

Eltern, die durch Freizeit hetzen,
Kinder vor Geräte setzen,
die Welt mit blauem Dunst vollqualmen,
mit tumben Filmen Seelen zermalmen,
um Zeit für's große Selbst zu haben,
für Luxus, Kurzweil, Wundergaben.
Zeit, nach der die Kinder schreien.
Ungehört! Sie werden nie verzeihen!

Das Lachen der Kinder ist die Musik dieser Welt.
Musik die verhallt – im Klirren von Geld.

Zweites Auto, Haus mit Garten
Job, Karriere, Konzertkarten.
Ein Rassehund für die ganz Smarten.
Kinderwünsche müssen warten!
Dreimal im Jahr zu zweit verreisen.

Alleinsein im Alter - lässt Seelen vereisen.

Beiß dich durch! Nimm' Ellenbogen!
Lavier herum und sei verlogen.
Werte? Die werden verbogen.

"Was, so schlecht in Deutsch und Mathe?
Mann, was ich für Noten hatte!"
Leistungsanspruch, PISA-Wahn.
Ein Held ist, wer mithalten kann.

Meine Kinder, deine Kinder, Kinder and'rer, Menschenskinder.
Das Lachen der Kinder ist die Musik unserer Welt.
Das Lachen der Kinder, es erstickt – nicht nur am
Geld.

*

Alarmsystem

Du willst es schaffen, alles wagen.
Hast aufs Pferd mit PS gesetzt,
wirst aus des Lebens Bahn getragen.
Am Ende bist du schlimm verletzt.

Mit schrillem Ton und grellem Licht
kommt schon der Notarztwagen.
Du erträgst all die Hektik nicht.
Und kannst es doch nicht sagen.

Kannst sagen nichts von Stille,
vom Fehlen aller Kraft,
wenn machtvoll fremder Wille
mit Lärm sie dir wegrafft.

Hektisches Tun,

technisches Blinken.
Du willst nur ruh'n,
in Stille sinken.

Tosend im Sturm die Blitze wüten.
Setzt solch ein Blitz dein Sein in Flammen,
im Lohen greller Flammenblüten
fällt berstend laut die Welt zusammen.

Sirenengrell kommt Feuerwehr,
bekämpft mit aller Macht die Glut.
Am Ende bleibt vom Flammenmeer
schwelend ein Rest der Feuerwut.

Alles läuft hektisch ab und eilig,
effizient, folgt manch' Taktmessern.
Bewältigung, sie uns heilig.
Und Technik soll all das verbessern.

Doch schadet oft das Forsche, Grelle.
Da hilft kein noch so tief' Bedauern.
Das stürmisch, machtvolle Vorschnelle
lässt dir vom Leben nur Grundmauern.

Umsicht ist still, sucht stets Harmonie.
Macht und Gewalt sind immer laut,
gut oder böse, stets mit Euphorie.
Stillem Geist ist's nicht vertraut.

So bannt dich meist das Laute, Grelle,
quirlig, scheinbar Leben pur.
Doch jenseits dieser Schwelle
umfängt dich heilend die Natur.

*

Moralisches

Das Elfte Gebot

1. Was war noch gleich das erst' Gebot?
'Ich bin der Herr, dein Gott'?
Nun, der jedoch ist lang schon tot.
Man trug ihn zum Schafott.
Überlebt hat dies allein das 'Ich'
als gold'nes Kalb am Grab.
Seitdem zählt einzig noch für mich,
was ich bin, was ich hab'.

2. 'Gottes Namen nicht missbrauchen',
das schwächste der Gebote.
Wie soll man Leben dem einhauchen?
Wer spricht noch über Tote?
Seh' ich mir die Geschichte an,
die ganze Glaubensszene,
frag' ich: "Wer hält sich denn daran?
De mortuis nil nisi bene"

3. 'Du sollst den Sabbat heiligen!'
Das, man soll nichts verschleiern,
gilt für die Emsigen, die Eiligen.
Ich selbst will lieber feiern.
Ihr Andern bleibt recht gerne rege
ruhig sieben Tag' die Woche.
Während ich Reichtümer pflege,
plagt Ihr euch unterm Joche!

4. 'Vater und Mutter soll ich ehren?'
Helfen die mir noch im Streben,
Gewinn und auch Genuss zu mehren?
Dann sollen sie gern leben.
Doch fallen sie mir nur zur Last,
und gibt es was zu erben,

schiebe ich sie ab mit Hast.
ins Heim, um still zu sterben.

5. 'Nicht töten Menschen um dich her!',
heißt's lebensfern daneben.
Das galt nie und gilt nimmermehr.
Wer achtet schon das Leben?
Wir üben uns im Massenmord
mit Waffen, Diplomaten.
Und Menschen sterben andernorts
für unsere Wohlstandsstaaten.

6. 'Du sollst nicht ehebrechen!'
Kein klitzekleiner Seitensprung?
Was sollte sich da rächen?
Das gibt der Ehe doch erst Schwung.
Längst wissen wir, nicht erst seit Freud,
Eros heißt die Triebfeder,
für Geltung, Macht, Ihr lieben Leut'.
Danach strebt wirklich jeder.

7. 'Fremd' Gut sollst Du nicht an dich reißen!'
Auch das kann ich kaum glauben.
Die Welt lebt nicht vom Glück verheißen.
Die Welt, sie lebt vom Rauben,
von Rohstoffen, von Arbeitskraft,
der Menschen and'rer Länder.
Wo ganze Völker es wegrafft,
tragen wir Festgewänder.

8. Wir dienen fromm der Wahrheit.
Gilt das gemein für jeden?
Wem bringt das denn mehr Klarheit,
Dies 'kein falsch Zeugnis reden'?
Ob wahrhaft ich wohl zu dir bin,
fragst Du mich recht naiv.
Das bleibt verborgen in mir drin
und allzeit subjektiv.

9.   'Nicht begehren deines Nächsten Weib?'
Welch Freud' bringt dann das Leben?
Verboten bleibt mir jeder Leib?
Wozu dann all das Streben?
Was bringt mir Reichtum, all die Macht,
will es mir nicht gelingen,
dass jede Frau mir hold zu lacht,
ganz ohne es zu zwingen?

10.   'Sollst nicht begehr'n des Nächsten Rind,
nicht dessen Hof noch Knecht.'
Dabei, das weiß nun jedes Kind,
schützt Jus nicht jedes Recht,
Es gilt das Recht, das man erzwingt,
und das seit Moses Eins.
Wer ehrlich um die Güter ringt,
behält am Ende keins.

11.   Bislang, das fiel wohl jedem auf,
war von Verbot die Kunde.
Das einzig Gebot schrieb der Menschen Lauf.
Es ist das Gebot der Stunde:
Willst du nur etwas ganz für dich,
greif zu! Es wird gelingen.
Geht's anderen gegen den Strich,
musst notfalls du es zwingen.

So häufst du Güter um dich her.
Lässt andere dafür brennen.
Wird deine Seele davon schwer,
kannst tausend Gründ' du nennen:
Den Teufel bemühst du ganz hell,
dann Pontius Pilatus.
Auf jeden Fall leugnest du schnell,
es gehe um den Status.

So sind wir Opfer dieser Welt,
jeder nach seiner Note.
Den einen bleibt dabei das Geld,
den andern zehn Verbote.

*

Winter-Weihnachtliches

Bei mir

Ich träume. Um mich ist es warm.
Kalt ist es draußen, wohlig hier drinnen.
Es gibt nur mich, gibt keinen Harm.
Ich fühle mich mit allen Sinnen.

Jetzt bin ich hier,
warm in meinem Nest,
bin ganz nah bei mir,
freue mich auf das Fest.

Und ich träume von klaren Lichtern,
von eiskalt glühenden Wangen,
von fröhlich-roten Gesichtern.
Ich fühle Kälte zwar, doch ohne Bangen.

Ich träume von Spuren im Schnee,
von Spechten in hohen Bäumen,
zieh' meine Spur, wo ich geh',
schreite fort. Was sollt' ich säumen?

Ich träume von kaltem Hauch,
sehe Atem, seh' ihn verwehen,
sehe Glitzern auf jedem Strauch,
spüre Leben, will noch nicht gehen.

In den Büschen höre ich Schwatzen,
finde Spuren dort, Tupfen im Schnee,
von Meisen, Amseln und Spatzen,
Natur, die ich höre, fühle und seh'.

Licht verlischt auf Kristallen.
Es wird leise. Alles erstarrt.
Entenrufe am Fluss verhallen.

Alles in mir fühlt und verharrt.

Mich umfängt der ganze Wald.
Kälte um mich, Wärme in mir.
Wohlig ist's, ist es auch kalt.
Doch nun will ich zu dir.

Ich löse mich, froh. Es geht los.
Seh' schon das Licht heller Kerzen,
lockend zu der Familie Schoß,
hin zu Gesang, schenken und scherzen.

Mit den Lieben steh' ich am Baum.
Alles strahlt in warmem Glanz.
Frieden ist nun kein Traum.
Bin bei euch, bin bei mir, bin es ganz.

*

Oh Tannenbaum

Frisch geschlagen aus der Schonung
steht der stolze Nordmanntann.
Grün bleibt er nun zur Belohnung
bis ihn holt der Müllmann dann.

Vorher aber leuchten Kerzen,
spiegeln sich in Christbaumkugeln.
Futtern, trinken, schenken, scherzen.
Den Grund des Brauches kann man googeln.

Weihnachtsschlager überall,
selig noch von Glühweinschwere,
und gleich nach der Glocken Schall
schnippelt Bänder und Papier die Schere.

Später dann mit vollem Bauch
Schmettern wir ‚Oh Tannenbaum'.
Schön ist dieser alte Brauch.
An Christus denkt so mancher kaum.

*

Winterstille

Dem regen Flockentreiben beim Schneien nur zuhören.
Gehen, frieren, Gleichmut finden.
Kein Schmutz, kein Menschenmatsch, kein städtisches
Verstören,
Ruhe an die Stille binden.

Kalte schwarze Zweige, sie tragen dichtes Weiß,
graue Luft lässt kalt die Sinne spüren.
Unstet im Wind die wilden Flocken tanzen leis',
locken, dich in Stille zu entführen.

Am Himmel blaue Lücken bringen mild dir etwas
Licht.
Vögel sacht dir singen, zeigen Leben.
Allein mit kaltem Wind der Wald nicht zu dir
spricht.
Er bringt dir Ruhe und die Kraft, zu geben.

*